www.ingramcontent.com/pod-product-compliance
Lightning Source LLC
LaVergne TN
LVHW041232150826
845673LV00008B/2368

فراشةُ الأندلس

إباء مصطفى الخطيب

فراشةُ الأندلس

مسرحيّة شعريّة

إصدارات دائرة الثقافة، حكومة الشارقة 2023 م

الناشر: دائرة الثقافة - حكومة الشارقة - الإمارات العربية المتحدة

الهاتف: 5123333 6 971+

البرَّاق: 5123303 6 971+

الموقع الإليكتروني: www.sdc.gov.ae

البريد الإليكتروني: sdc@sdc.gov.ae

الطبعة الأولى 2023

812.9565

خ إ . ف

الخطيب، إباء مصطفى

فراشة الأندلس / إباء مصطفى الخطيب.- الشارقة، الإمارات العربية المتحدة : دائرة الثقافة، 2023.

80 ص؛ 21X14 سم.

البحث الفائز بالمركز الأول بجائزة الشارقة للإبداع العربي في مجال المسرحية ، الإصدار الأول، الدورة 26، 2022 – 2023.

1 – المسرحيات العربية – سوريا

2 – المسرحيات المتعددة الفصول

أ – العنوان

ب – جائزة الشارقة للإبداع العربي (26 : 2022 – 2023)

ISBN: 9789948799719

الزمـــان: تداخـل فيه الزمـن الحاضر مـع مراحل مـن العصر الأندلسي في عهد ملوك الطوائف

المكان: متعدد حسب وقوع الحدث

الشخصيات

ولادة: وهي الشاعرة المعروفة ولادة بنت المستكفي

وتظهر بشخصيتين: ولادة الشابة وولادة المسنّة

هناء: وهي شاعرة شابة معاصرة بعمر الثلاثين

ابن زيدون (الشاب): أشهر شعراء الأندلس

أبــو عامر ابن عبــدوس وهو وزير ابن جهــور حاكم قرطبة وقد ظهر بشخصيتين:

ابن عبدوس الشاب

ابن عبدوس المُسنّ

زمرّدْ: جارية ولادة

الشاعرة مهجة بنت التياني

جارية سمراء

رجال ونساء من ندماء مجلس ولادة

بعض الأفراد (من جنود وعامة الشعب)

النّهر: جوقة غنائية تضم عدداً من الراقصين (وهو معادل للإلهام الشعري وتدفقه).

المشهد الأول

(المسرح مقسوم بشكل عرضي إلى قسمين بواسطة مرآة

علـى الجانب الأيمن من المسـرح الغرفة (أ) فـي الزمن الحالي: غرفـة معيشـة حديثة وبسـيطة؛ فيها أريكتـان من الطـراز الحديث متعامدتان تشـكلان زاوية ترتكز فيها طاولة خشبية صغيرة. وشاشة تلفاز مسـطحة معلقة على جدار ومكتبة متوسطة الحجم مرتبة؛ وفي الغرفة سرير هزاز لطفل رضيع وثياب مغسولة وجافة غير موضبة مكوّمة على إحدى الأريكتين، وللغرفة باب في صدر المسرح.

يتدلى من سـقف الغرفة عدد من الأجراس الكبيرة بشـكل منفصل كل جرسٍ مربوط لخيط.

أما الجانب الأيسـر ففيه الغرفة (ب) من العصر الأندلسـي: وهي غرفـة جلوس من الطراز الأندلسـي فيها أريكـة عليها غطاء مطرز ووسـائد مطرزة، تتـوزع في الغرفة طاولات صغيرة خشـبية عليها فوانيـس مضاءة؛ وتوجـد مكتبة تحوي كتباً حجمهـا كبير. يتدلى من سـقف الغرفة جرسٌ واحد فقط مربوط لخيط. وللغرفة باب في صدر المسرح).

(تدخل سيدتان في اللحظة نفسها من بابي الغرفتين المنفصلتين.

السيدة التي تدخل إلى الغرفة (أ) شابة بعمر الثلاثين، تبدو طبيعية من دون مساحيق تجميل، ترتدي ثيابَ بيت وتربط شعرها بشكل عشوائيّ.

أما السيدة الثانية التي تدخل الغرفة (ب) فهي امرأة مُسنّة تتجاوز الستين من عمرها تبدو بكامل أناقتها مرتدية ثياباً ملائمة للعصر الأندلسي ومتزينة بالقلائد والأساور ويبدو عليها الوقار. تدخل الغرفة وتنتقي كتاباً من مكتبتها ثم تتمدّد بخيلاء على أريكتها وتقرأ بصمت.

في هذه الأثناء تقوم السيدة الشابة بانتقاء كتاب فيه سيرة ولّادة بنت المستكفي من مكتبتها وهي مستعجلة وسريعة الحركة، تلقي نظرة على طفلها النائم في السرير، ثم تجلس على الأريكة وتضع الكتاب على الطاولة وهي تنظر إلى كومة الثياب التي بحاجة إلى ترتيب فيبدو عليها التشويش والحيرة بين إكمال شغفها في القراءة والكتابة وبين واجبها المنزلي (فيرنّ أحد الأجراس فوقها) ترمق الجرس بنظرةٍ؛ فتصاب بالاكتئاب، وتنفخ قائلة):

كأنّ المسافةَ بيني وبين القصيدةِ تنأى!

ليخطو الغضبْ

وبين ضفافي يفيض العناءُ العنيد

ويمضي إلى اللاخلاص التعبْ

فأين رؤايَ

وأين يدايَ

وأين الشـتاءُ الحنون يـدرّب أرضي على رفض هذا التصحرْ؟

(تفتـح الديوان وتثبته مفتوحـاً على الطاولة؛ بأن تضع خلفه قطعاً من الثياب لتسـنده حتى تستطيع القراءة وهي تطوي الثياب المغسولة.

فـي هذه اللحظة يرنّ الجرس الوحيد المعلق فوق السيدة المسنّة في الغرفة (ب) فتضم الكتابَ الذي بيدها الى صدرها.

وتتمتم الشـابّة في الغرفة (أ) ما تقرأ من دون أن يسمع صوتُها وعوضاً عنه؛ يُسمع صوت السيدة المسنّة تلقي الشعرَ في حالة شجن؛ وهي سارحة الخيال):

«ألا هَل لنا مـن بعد هــذا التـفرّق

سـبيلٌ فيشـكــو كلّ صبّ بما لـقـي

وَقـد كنت أوقات التزاورِ في الشـتا

أبيتُ على جمرٍ من الشوق محــرقِ

فَكيفَ وقد أمســيت في حــال قطعةٍ

لَقد عجّل المقدور ما كنـت أتّقي»(*)

(تتنهد المرأتان ثم تعود السيدة المسنّة للقراءة من كتابها).

(يدخـل من بــاب الغرفة (ب) بعـد ذلك عدد من الأفراد (جوقة غنائية) بشــكل متتالٍ يرتدون ثياباً زرقــاء، ويتوافدون، ثم يعبرون الغرفة بحركات متماوجة كأنهم نـهرٌ يتدفّق، ويغنون وهم يدورون حول السيدة المسنّة في الغرفة (ب)).

النهر: أَلا هَل لنا مــن بعد هـــذا التـفرّقِ

سـبيلٌ فيشــكــو كلّ صبّ بما لـقـي

وَقــد كنت أوقات التزاورِ في الشــتا

أبيتُ على جمرٍ من الشوق محــرقِ

(يحــاول النهـر عبـور المـرآة الى الغرفــة (أ)

---

* ديوان ولادة بنت المستكفي، تحقيق د. صلاح الجرار، ص 137.

لكنه لا يستطيع ويرتدّ عنها وهو يغنّي، ويعود أدراجه خارجاً من الغرفة (ب) من حيث أتى مع الاستمرار بالغناء.

وأثناء محاولة عبوره، تحاول الشابّة في الغرفة (أ) أن تقول مطلعاً شعرياً):

فتنسلُّ من قلبي إلى الوصل لهفةٌ

وإنّي..

(يقطع حديثها صوت جرس متدلٍ فوق رأسها أثناء فشل محاولة النهر عبور المرآة لغرفتها

ثم يسمع صوت بكاء طفلها من السرير

تترك الثياب والقراءة، وتركض نحو الطفل مسرعة، تحاول هزّ السرير عساه يعود إلى النوم ولكن بلا جدوى فتحمله وتهزّه وهي تهدهد):

فديتكَ قلبي

ولكنْ

أعرني صفاء الطفولهْ

فإنّي تعبتُ أجاري الحياةَ العجولهْ

سئمتُ الصراخَ بوجه الرياحْ

فصوتي خواءْ

جناحي ندمْ

فديتك زهري

فعانقْ رحيقي لكي لا يجاري طموحي العدمْ.

(تعـود إلى مكانها على الأريكة تثبت طفلها على صدرهـا بيدٍ واحـدة وترضعـه، وباليد الأخرى تصلـحُ وضع الكتاب لتسـتطيع القـراءة ثم تقوم بتوضيـب الثيـاب باليد ذاتها وهـي تقرأ محركةً شـفتيها من دون صوت، يسـمع صوت السـيدة المسنّة):

تمـرُّ الليالي لا أرى البيـن ينقضـي

وَلا الصبر من رقّ التشوّق معتقي

سَـقى الله أرضاً قد غدت لك منزلاً

بكلّ سـكوب هاطل الوبل مغدقِ(*)

(يرن الجرس الوحيد فوق السـيدة المسنّة تنهض

---

* ديوان ولادة، ص138.

متوترة ويؤدي بها توترها إلى التحرّك بعشوائية في غرفتها).

ثم تقف وتنظر بالمرآة:

عنيداً كثيرَ الغرور

أتاني

تناسى

بأنّ الوجودَ حناني

وأن الكمال كياني

وأن الصقورَ

ستلقى الفناء بغير القممْ

وأي ندم؟

تناسى.. تناسى

(تدخل جوقة النهر مرة ثانية، يغني النهر وهو يمتدّ متماوجاً قبالة السيدة المسنّة ويخاطبها):

عنيدٌ؟

السيدة المسنّة: صحيحٌ

النهر: ولكن أتى

السيدة المسنّة: تناسى بأن الصقور ستلقى الفناء بغير القمم

النهر: ولكن متى؟

السيدة المسنّة: يجيد التهكُّمَ ذاك الفتى

(يدق الجرس فوقها تشرد بنظرتها وتتذكر).

(إعتام)

المشهد الثاني

(يظهر المسرح كما كان في المشهد الأول..

في الغرفة (أ) المرأة الشابة ترضعُ ولدها، وتطوي الثياب، وتقرأ بعينيها

في الغرفة (ب) تبدو السيدة (التي كانت في المشهد السابق مسنّة) شابةً بالثلاثين من عمرها ويقف أمامها شاب يكبرها بعدة سنوات وكلاهما يرتديان الزيّ المناسب للعصر).

الشاب: (باستهزاء) أشمّ بعطرِ قصيدك ذمّا

الشابة: (بغضب) بحقٍّ؟! وثَمَّ؟

الشاب: أحقّاً تريدُ أميرةُ أهل البلاغةِ

ذاك الشقاء لحِبّ نَزولٍ بأرضٍ شَرورْ؟

غداة السماء برعدٍ تثور؟!!

الشابة: لعمري تنزّلَ فيك الجفاءُ فأوحى لعقلكَ هذا الشَررْ

ولا رعدَ أقوى.. ولا أرضَ أقسى

فحاذرْ.. فإني نُبئتُ بشَرْ

(تتركه غاضبةً وتخرج من الغرفة وتصفع الباب خلفها).

يخرج الشاب وراءها وهو يصيح:

الشاب: أميرةَ أهل البلاغةِ منك السماح

أميرةَ قلبيَ منك السماح

(إعتام)

المشهد الثالث

(يظهر المسرح بحالته نفسها مقسوماً بواسطة المرآة إلى غرفتين..

في الغرفة (ب) تبدو السيدة المسنّة متمدّدة على أريكتها تحاول النوم قلقة ومتململة...

في الغرفة (أ) تظهر الشابة وهي تضع ابنها بحذر في السرير خوفَ أن يستيقظ، ثم تهرع إلى الكتاب لمتابعة القراءة، وتبدو الثياب مرتبة ومصفوفة في سلّة قربها).

(تفتح الكتاب بسعادة، وفجأة يرنّ جرسٌ من الأجراس فوقها):

الشابّة: حبيبي سيأتي قريباً قريبا

تراني سأنجزُ طهوَ الطعام

سيأتي ويسألُ: أين الغداءْ

سؤالاً بسيطاً بغير عناءْ

(تنفض الأفكار من رأسها وتقول بحزم):

أحضّر شيئاً سريعاً قبيلَ الوصولْ

وحين يقول

أهذا الغداء؟

(يقطعها صوت الجرس نفسه ويكون أكثر إلحاحاً وتواتراً).

الشابّة: ولكن حبيبي سيأتي ومن مقْلتيهِ يفيض التعبْ

وفي وجْنتيهِ احمرارٌ يذيبُ السببْ

سيفرطُ قلبي

تنظر للكتاب وتخاطبه:

أعدُّ الطعام سريعاً سريعاً وثمّ أعود

وذلك وعدي

أما فيكِ صبرٌ لأهل الوعودْ؟

مليّاً سأقرأ منكِ المزيدْ

أميرةُ أهل البلاغةِ أهلِ القصيد (تضحك)

وشمس النساء

سأبذل جهدي وحقِّ السماء

(تخـرج من الغرفـة وتغلق البـاب بهدوء كي لا تزعج طفلها النائم).

(السـيدة المسـنّة فـي الغرفـة (ب) تنهـض من أريكتها بعد أن يئست من محاولة النوم وتنشد):

السيدة المسنّة: أما من منادٍ؟

أما من رياحٍ تبعثر حوليَ هذا الفراغ؟

لعينٌ يمزق منّا الحشا

مريرٌ

فمن راغبٌ في مرار البقاء؟!

بلا أقرباء

ولا أوفياء

سقى الله عمراً تعاظمَ فوق ثراه العملْ

وسطراً تطرّز فيه القصيدُ بحرفٍ أبي

ووهماً أنيقاً بذلت له القلبَ حتى هلكْ

وعرشاً تهاوى

وشمساً توارتْ بعتمِ الفلكْ

وحبّاً وشمتُ به العنفوانَ

فكانَ

وكانَ

وكانَ

وكانَ

(يدقّ فوق رأسها الجرس الوحيد

تبكي

تدخل جوقة النهر بشكل متدفق وتدور حولها وهب تبكي حسرةً ووحدةً):

النهر: «لحاظُكم تجرحنا في الحشا

ولحظُنا يجرحُكم في الخدود

جرحٌ بجرحٍ، فاجعلوا ذا بذا

فما الذي أوجب جرح الصدود»(*)

---

* ديوان ولادة بنت المستكفي، ص 23.

(تهـدأ حركة النهـر ويمتدّ أمام السـيدة المسـنّة بتماوج خفيف):

فيسمعُ صوتها:

عهدت الليالي قصاراً وطاب بتيكَ الليالي الغناء

وبتُّ أعد الثواني

ولمّا يعدْ لي الهناء

تصرخ: ولمّا يعدْ لي الهنااااااااااء

(تدخـل الشـابة من باب غرفتها مسـتعجلة وهي تنظر يميناً وشمالاً قائلة):

نعمْ.. من؟

تنتظر قليلاً وتصغي السمع

الشابّة: سمعت نداءً باسمي أما من مجيبْ؟

غريبٌ غريبْ

(تحدث نفسها) ثم تنظر للكتاب وتقول مازحةً:

أكان نداءَكِ هذا؟

السيدة المسنّة تنظر من مكانها للمرآة: لماذا؟

(تنتفض هناء (وهو اسم الشابة الذي انكشف) مذهولة، تبحث برأسها عن مصدر الصوت وتقترب من المرآة وتنظر فيها كمن يبحث عن شخص.

السيدة المسنة تقترب من المرآة مواجهةً لهناء كأنّهما انعكاسٌ لبعضيهما وتقول بخيلاء):

لماذا تريدين مني التحدثْ؟

هناء: (تستجمع قواها) لأخذِ العِبرْ

السيدة المسنّة: وما المنتظر؟

هناء: لأنك قدوةْ

جمال، إباءٌ، نبوّةْ

السيّدة المسنّة: (بشموخ) وأنتِ؟

هناء: أُعَنْوِنُ عمري بـ (قسوة)

ففي الرّوح أنثى تفيض طموحا

تلـوّن حتى الجراحَ، وتنفث فيها القصيدةُ روحا

(يتحرك النهر حركة موجية عالية ثم يهدأ)

ولكن كثيراً فقدت المدادْ

وضاقت جهاتي

فلا نجمَ حتّى أبشّر هذا الأملْ

ولا مِن سُبلْ

فكيفَ – ومثلُكِ مثلي – اعتليتِ العروشْ؟

وصار لاسمك فعلُ النقوشْ؟

وصرتِ العلمْ؟

ذكاءً وحسناً وبوحاً مهيبَ القيم، وحلوَ النغم؟

(يتدفق النهر الساكن من الغرفة (ب) إلى غرفة هناء مخترقاً المرآة

فتنشد هناء شعراً):

من تشتهي أن تستقي من أفقِها
لوناً يعيدُ لعمرها أمجادَهْ

وتنيرَ أقبية الوجود.. ستنتمي
لجمالك الوضّاءِ يا ولّادةْ

(يدور النهر متدفقاً بسرعة حول هناء ويردد الأبيات التي قالتها):

من تشتهي أن تستقي من أفقها
لوناً يعيد لعمرها أمجادَه

وتنير أقبية الوجود ستنتمي
لجمالك الوضاء يا ولادة

(إضاءة مناسبة وموسيقا عالية معبرة).

(ثم تثبت إضاءة فقط على السيدة المسنّة (وقد صار معروفاً أنها ولادة بنت المستكفي) مع إعتام المسرح).

ولادة: أنا واللهِ أصلح للمعالي

وأمشي مشيتي وأتيه تيها

أمكن عاشقي من صحن خدي

وأعطي قبلتي من يشتهيها(*)

(يسمع صوت جوقة النهر يردد وراءها الأبيات نفسها).

(إعتام)

---

* ديوان ولادة بنت المستكفي، ص56.

المشهد الرابع

الزمان: العصر الأندلسي بعهد ملوك الطوائف

المكان: مجلس ولادة بنت المستكفي في قرطبة

(المسرح عبارة عن صالة كبيرة فيها أرائك وأعمدة، وديكورات مناسبة للعصر المذكور وزينة وفوانيس مضاءة، وخوابي وكؤوس شراب.

يملأ المجلس عدد من الأدباء والشعراء والعلماء منهم ابن زيدون والوزير ابن عبدوس، أما ولادة فهي شابة حسناء متزينة (الشابّة نفسها التي ظهرت في المشهد الثاني) تجلس في صدر المسرح على أريكة ملكية بوقار وأنوثةٍ طاغيةٍ، والأجواءُ أجواء بهجةٍ وفرح.

إلى يمينها يجلس ابن زيدون وهو شاب (الشاب نفسه في المشهد الثاني)

وإلى يسارها تجلس الشاعرة مهجة بنت التياني).

رجل1: أردنا من الشعر عذب الكلام

وحُسن المقام

فجئنا نجالس خير الأنام

رجل2: (مغازلاً ولادة)

وأحلى الأنام

كأنّ الكلام يطير فراشا

من الثغر حتى نهيَم ارتعاشا

رجل1: فراشة شعرٍ، وشمسُ النساء!

ابن عبدوس: وأبهى النساء جمالاً وروحاً ومغنى

ابن زيدون: ساخراً من ابن عبدوس الملقب بأبي عامر

أبا عامرٍ

أتهزأ منّا؟ وأنت الوزير الحكيم!

وكيف تقارن شمساً شَروقاً ببعض نُثور؟!

وهبتكَ نُصحي

جسوراً كرمحِ

إذا رُمت أفقاً لبدرِ البدورْ

فعلقْ لسانَك قبل الحضور

(يضحك الجميع ويغتاظ ابن عبدوس).

يضيف ابن زيدون متباهياً بشعره وغامزاً ولّادة:

إذن فاسمعوا.. بديعَ القصيد البليغ:

«لَمّا اِتَّصَلتِ اِتِّصالَ الخِلبِ بِالكَبِدِ

ثُمَّ امتَزَجتِ اِمتِزاجَ الروحِ بِالجَسَدِ

ساءَ الوُشاةُ مَكاني مِنكِ وَاِتَّقَدَت

في صَدرِ كُلِّ عَدُوٍّ جمرَةُ الحَسَدِ

فَليَسخَطِ الناسُ لا أُهدِ الرِضى لَهُمُ

وَلا يَضِـــع لَكِ عَـــهدٌ آخَــرَ الأَبَــدِ

لَوِ اِستَطَعتُ إِذا ما كُنتِ غائِبَـــــةً

غَضَضتُ طَرفي فَلَم أَنظُر إِلى أَحَدِ»(*)

(تتدخّل مهجة بنت التياني وقد غارت من ولادة):

---

* ديوان ابن زيدون، ص44.

مهجة: تقول الوشاية إنّ الأميرةَ قالت كلاماً جريئاً

تحضّ الرجالَ وتُدني المنالْ

تردّ ولّادة بكل عنفوان، وهي تحرك يدها ساخرةً من كلام مهجة:

ولادة: يقالُ وقيـــــلَ وقالوا وقالْ..

فمن قال فينا المقالَ.. أساءَهْ

وكيدُ النســاء كصكِّ البــراءةْ (تنظر لمهجة بعين ثاقبة) ويضحك الجميع

رجل1: ولكن؟

أحقاً كتبتِ الكلام على ذيل ثوبكْ؟

أجيبي بربكْ

فإنّ المراد يتوق لقربكْ (يضحك الحاضرون)

ولادة: أقول وتشهد مهجة (تشير إلى مهجة)

وأمّا القصيدُ فإني التي بالمُقال نطقتْ

ولكن نطقتُ بأذْنِ صديقةْ (ترمق مهجة)

تريد بأن ترتقي للشموسْ

فقلنا نضيء قليلاً عليها فطبع الضياء العطاء

ينيرُ النفوسْ

وجُدتُ عليها بعلمي وضوعي

وقلتُ بمجلسِ ودّ وصفوٍ حميم:

أنا ولله أصلح للمعالي
وأمشي مشيتي وأتيهُ تيها

أمكّن عاشقي من صحن خدي
وأعطي قبلتي من يشتهيها

ابن زيدون: (وقد بدت عليه الغيرة)

رميتِ الشباكَ ببحرِ المُحِبْ

فصِدتِ القلوبَ وقصدُكِ قلبْ

ولادة: (تردّ بغنج وتتعمد تجاهل قصده)

وليس الدنّو بطبعي

ويشهد جَمعي

فنهجي السموّ وروحي الإبا

ومن رام صيداً بماءٍ تعكّر قرب الربا (تنظر لمهجة)

سيبدو حماراً بحقل الظبا

(تضحك بصوت مرتفع ساخرةً ومتعالية) فتخرج مهجة من المجلس غاضبة

رجل: أما زدتِ فيها؟

ولادة: (بحزمٍ)

أتقصدُ مهجة؟

توسّمتُ فيها الوفاءَ فخانت

وصُنت بفيءِ يديها اليراعَ

كعهدي أشجّعُ ذاك الشعاعَ

بقلب الغريب وقلب القريب

لكي لا يخيبَ

لكي لا نخيبْ

فبالعلم ترقى جموعُ الأمم

وبالشعر نسقي الرؤى والقيم.

يعلق ابن عبدوس معجباً بولادة: مهاةٌ حصيفةْ

فترد متباهية وهي تضحك: وبنتُ خليفةْ

(يضحك الجميع ويدقون الكؤوس ببعضها).

(إعتام على كامل المسرح ثم تدخل جوقة النهر ويبدأ بالتدفق والجريان في المسرح ثم يسلط ضوء على ولادة فقط وهي واقفة بعزة وكبرياء تنشد):

«إنّي وإن نظر الأنامُ لبَهجَتي

كظِباءِ مكّةَ صَيدُهُنّ حرامُ

يُحسَبْنَ مِن لِينِ الكلامِ فَواحِشاً

ويَصُدُّهُنّ عَنِ الخَنَا الإسلامُ»(*)

(يكرر النهر ترديد البيتين ذاتهما مرتين وينتهي المشهد).

---

* ديوان ولادة بنت المستكفي، ص177.

المشهد الخامس

(المســرح معتم تظهر فيه هناء وولادة (الســيدة المسنّة) وبينهما المرآة فقط).

هناء: تبارك هذا الجلالُ

وتلك الأنوثةْ

وأنعمْ بحسن المقالِ

ففيك اجتماع الكمالِ

بعلمٍ وفنٍّ وحسنٍ وشعرٍ وروحٍ شَمَمْ

ألا ليت عندي قليلُ صفاتكْ

ونهجُ حياتكْ

هُزمتُ وقد خامرتني الجـراح وضجّت بروحي المتاعبْ

(يقطع هناء صوت أجراس)

(تتوتر هناء، وهي تسمع أصوات الأجراس تسد أذنيها بكفيها، وتكمل بيأس):

فكيف أحاربْ؟

ومن سأحارب؟

(يعود صوت الأجراس، فتدور السيدتان وتأخذ ولادة مكان هناء).

ولادة: (تمد يديها)

ترينَ الكفوفَ؟

انظري كم تجعّدَ فيها الأملْ

أمرّ بباب الحقيقةِ أعدو إلى المحتملْ

فناءٌ، خواءٌ، مَللْ

فلا المجد باقٍ ولا ظلّ منّي شبابٌ يثيرُ الجدَلْ

وما عاد عشقٌ بذلت له في الفراق المُقلْ

(يُسمع صوت جرس ولادة)

فماذا جنيتُ بُعيد السنين الأليمة بعد السعيدةْ؟

بقيت طويلاً طويلاً وحيدةْ

وبعدُ.. أموتُ وحيدةْ

فماذا جنيت؟

(تدور السيدتان وتعود هناء لموقعها الأول):

هناء: حياةً كثيرةْ

وأروع سيرةْ

ولادة: وكنتُ الأميرةْ وكنتُ وكنتُ

أشاغل نفسي وآلي

بشعري وشهدِ دلالي

وقبلَ أنامُ أعدّ رجالي

وأتعب حتى بلوغ المنالِ

وكنت سعيدةْ (تتنهّد)

يثور بقلبي الحنين لتلك السنين العنيدة

(تبكي ولادة)

هناء: (متعجبة) ومن كان يدري!

أحقاً تحنّ الظباء لنابٍ وظفرِ؟

ولادة: ومن قال إنّ العناءَ افتراسٌ لعمر الظباءْ!

تسلّي بهذا العناء

وضمّي المصاعب حضناً فحضناً إلى أن تلينْ

فبالصبرِ لينْ

تسلّي وخلّي انشغالكَ منبعَ قوّةْ

ونبضَ فتوّةْ

إليها تحنّ العجوزُ الوحيدةْ

وماذا لديَّ!

(تتبادل السيدتان المواقع):

هناء: لديك الأبدْ

ولادة: لديكِ الولد؟

(يدق جرسٌ بشدة، ويسمع صوت بكاء طفل هناء، فتركض وتخرج ملهوفة

يضاء المسرح بعد خروج هناء فتظهر غرفة ولادة المسنّة

تمشي ولادة وتتمدد على أريكتها متعبة

تدخل جاريتها زمرّد):

زمرّد: مساؤك خيرٌ

ببابكِ زائرْ

ولادة: (تشير لها بالموافقة وتتمتم)

ومن غير ذاك الوزيرِ المقامر

(يدخل ابـن عبدوس وقد أصبح مُسـنّاً يحمل في يـده كيسَ نقودٍ، يلقي التحية على ولادة التي يبدو عليها التجهم فتعدّل من جلستها على الأريكة).

ابن عبدوس: مساءُ الصفوِ تنشده النفوسُ

ومثلُك لا يليقُ به العبوسُ

(يجلس قبالتها ويقدم لها الهدية).

ولادة: بلغنا في الأسى شيبا

ألم تيأس من الآتي؟

أما صدّتْ تجاعيدي

يديكَ عن العطاءاتِ؟

ابن عبدوس: هواكم لم يكن إلا

نهاراً من مسرّاتِ

ولم أشهد بكم ظلمي

ولا منكم عناءاتي

هواكم سائرٌ في الروحِ سير الذات في الذاتِ

فظلي مثلما أرضى:

الملاكَ الحرَّ مولاتي

(تقبلُ كيس النقود وتهز رأسها شاكرة، ثم ينصرف ابن عبدوس

تدخل الجارية فتشير ولادة إلى النقود طالبة منها:

تزكّي نصفَ ذا الكيسِ

تأخذ الجارية الكيس وتخرج).

ولادة: وأكرِمْ بابن عبدوسِ

(إعتام)

المشهد السادس

(كما في بداية المشـــهد الســـابق: المســـرح معتم، تظهـــر فيه هناء وولّادة (المُســـنّة) وبينهما المرآة فقط).

هناء تخاطب ولّادة من خلال المرآة:

هناء: لماذا بقيتِ بغير زواج؟

وذاك الوزير أعدّ العِداد

ورامَ الجهاد لأجل عيونِكْ!

ولادة: لأني سليلةُ ضوء الحقيقةْ

أسيّجُ قلبي؟

وأسجنُ فيه الطيور الطليقة؟!

هناء: لماذا شددتِ لجام العنادْ؟

وأبعدتِ عنك الخليلَ المرادّ؟

(يُســمع صوت جرس ولادة، فتضطرب ثم تدور السيدتان وتتبادلان المواقع).

ولّادة: (بأسى)

أشيلُ حبيبي بقلبي فقطْ

وأمّا عيوني فمنها سقط

هناء: فهمت عليكِ

ولادة: حططتُ بأرض الغرام وثبــتُّ رجلي، ولكن أضعتُ فضاءَ الأمان

وصار ضياع الأمانِ خيانةْ؟

هناء: خيانْة؟!

ولادة: ولستُ جبانةْ

لأنكر هذا الكلامَ

ففيمن غُرمتُ فقدتُ الأمانَ

وفيمن أمِنتُ فقدتُ الغرامَ

(إعتام)

(ثم يضـــاء المســـرح فتظهر علـــى اليمين غرفة

ولادة «وقد كانت قبلاً على اليسار» وهي مفصولة بالمرآة نفسها عن يسار المسرح الذي يكون معتماً

تبدو ولادة جالسة على أريكتها وفوقها الجرس يدقّ بانتظام.

عيناها دامعتان، وتشرد بنظرها نحو المرآة، وتتذكر ما يجري وراء المرآة في يسار المسرح «ثم إعتام على الجانب الأيمن وإضاءة الأيسر»).

(في اليسار يظهر ابن زيدون وولادة شابان في حديقة الزهراء مع صوت موسيقا حزينة وزقزقة عصافير، يتبادلان العشق والنظرات ويتحدثان من دون أن يُسمع صوتهما بالفعل.

تخفض الموسيقا تدريجياً وتدخل إليهما جوقة النهر ويتدفق حولهما ثم يسمع صوت ابن زيدون وولادة ملء المسرح يتبادلان قول الشعر).

صوت ولادة: ترّقبْ إذا جنّ الظلام زيارتي

فإنّي رأيت الليل أكتم للسرِّ

وَبي منك ما لو كانَ بالشمسِ لم تلح

وبالبدر لم يطلع وَبالنجم لم يسرِ(*)

صوت ابن زيدون: إنّي ذَكَرتُــــــــكِ بِالزَّهْراءَ مُشتاقا

وَالأُفقُ طَلقٌ وَمَرأى الأَرضِ قَد راقا

وَلِلنَسيمِ اِعتِلالٌ في أَصائِلِهِ

كَأَنَّهُ رَقَّ لي فَاعتَلَّ إِشفاقا

وَالرَوضُ عَن مائِهِ الفِضِيِّ مُبتَسِمٌ

كَما شَقَقتَ عَنِ اللَبّاتِ أَطواقا

يَومٌ كَأَيّامِ لَذّاتٍ لَنا انصَرَمَت

بِتنا لَها حينَ نامَ الدَهرُ سُرّاقا

نَلهو بِما يَستَميلُ العَينَ مِن زَهَرٍ

جالَ النَدى فيهِ حَتّى مالَ أَعناقا

كَأَنَّ أَعيُنَهُ إِذ عايَنَت أَرَقي

بَكَت لِما بي فَجالَ الدَمعُ رَقراقا»(**)

---

* ديوان ولادة بنت المستكفي، ص 27.

** ديوان ابن زيدون، ص76.

(فجأة يتغير الجو ويصبح ممطراً راعداً بشكل بسيط مع موسيقا ملائمة وإضاءة متناوبة مع إعتام).

(ثم يظهر ابن عبدوس وهو شاب مع جارية سمراء مواجهان للجمهور وإلى الخلف قليلاً من ولادة وابن زيدون يقتربان منهما ويمسكان بأيديهما المتشابكة ويفكانها عن بعضها ويدفعان العاشقين بعيداً عن بعضهما وفي هذه الاثناء تنقسم جوقة النهر الى قسمين، قسم يتماوج بحركات متوترة جانب ولادة، والقسم الآخر جانب ابن زيدون، عندها تتغير معالم وجهي العاشقين وينظران لبعضهما بغضب ويثبت الجميع على هذه الحال كأنهم في لوحة):

تتقدم الجارية السمراء أمام اللوحة وتبدأ بالرقص والتمايل بينما يسمع صوت ولادة يملأ المسرح:

ولادة: لو كنت تنصفُ في الهوى ما بيننا

لم تهوَ جاريتي ولم تتخيّرِ

وَتركتَ غصناً مثمراً بجماله

وجنحتَ للغصنِ الذي لم يثمرِ

ولقد علمت بأنّني بدر السما

لَكن دهيت لشقوتي بالمشتري(*)

(تعود الجارية وتأخذ مكانها ثابتةً في اللوحة ويخرج ابن عبدوس من اللوحة يتجول ويبدو أنه يقرأ رسالةً غاضباً).

بينما يسمع صوت ابن زيدون:

صوت ابن زيدون: «قالوا أَبو عامِرٍ أَضحى يُلِمُّ بِها

قُلتُ الفَراشَةُ قَد تَدنو مِنَ النارِ

عَيَّرتُمونا بِأَن قَد صارَ يَخلُفُنا

فيمَن نُحِبُّ وَما في ذاكَ مِن عارِ

أَكلٌ شَهِيٌّ أَصَبنا مِن أَطايِبِهِ

بَعضاً وَبَعضاً صَفَحنا عَنهُ لِلفارِ»(**)

(يشتد الرعد مع موسيقا صاخبة وتعود الحياة لشخوص اللوحة فتشتد سحنة الغضب على وجهي العاشقين..

* ديوان ولادة بنت المستكفي، ص 36.

** ديوان ابن زيدون، ص34.

يشـدّ ابن عبدوس ولادة إلى اليسار وتشد الجارية ابن زيدون نحو اليمين

يعتم كامل المسرح وتسكت الموسيقا).

(ثم يضاء المسرح فتظهر ولادة الشابة في غرفتها يسار المسرح منهارةً على الأرض تبكي.

ويظهـر ابن زيـدون في يميـن المسـرح وراء قضبان سجنٍ ممسكاً بها والدموع تملأ عينيه).

صوت ابن زيدون: بَني جَهوَرٍ أَحرَقتُم بِجَفائِكُم

جَناني وَلَكِنَّ المَدائِحَ تَعبَقُ

تَعُدّونَني كَالعَنبَرِ الوَردِ إِنَّما

تَطيبُ لَكُم أَنفاسُهُ حينَ يُحرَقُ

(ثم يتداخل صـوت ولادة مع صوت ابن خلدون كل منهما يقول قصيدته).

ولادة: ألا هَل لنا من بعد هذا التفرّق

سبيلٌ فيشكو كلّ صبّ بما لقي

وَقد كنت أوقات التزاورِ في الشتا

أبيتُ على جمرٍ من الشوق محرقِ

فَكيفَ وقد أمسيت في حال قطعة

لَقد عجّل المقدور ما كنت أتّقي

ابن زيدون: «أضحى التّنائي بَديلاً مِن تَدانينا

وَنابَ عَن طيبِ لُقيانا تَجافينا

غيظَ العِدا مِن تَساقينا الهَوى فَدَعَوا

بِأَن نَغَصَّ فَقالَ الدَهرُ آمينا

فَانحَلَّ ما كانَ مَعقوداً بِأَنفُسِنا

وَانبَتَّ ما كانَ مَوصولاً بِأَيدينا»(*)

(إعتام)

(يضاء المسرح فتظهر في يمينه غرفة ولادة مفصولة عن يسار المسرح بالمرآة

وتظهر ولّادة المسنّة في الغرفة كما في بداية المشهد بعد أن تذكرت وقد اشتد بكاؤها

والجرس المعلق فوقها يدق بانتظام متناوباً مع صوت شهيق بكائها

* ديوان ابن زيدون، ص220.

تدخل عليها زمرّد ملهوفة من دون استئذان

تنظر إلى ولادة بعينين جاحظتين وكأنّ الدم نشفَ في عروقها).

ولادة: (بهلع) أجيزي وربِّ السما

زمرّد: (بصوت يرتجف)

لقد ما..

لقد ما..

لقد ماتْ

(تشـد ولادة الجـرس المعلق فوقـه فتقطع خيطه وتسقط على الأرض ويدوي صراخها):

حـــبـــيـــبـــــــــــــــــــي!!!

(موسـيقا جنائزيـة حزينة ثم تدخـل جوقة النهر متدفقة وبوجوه حزينة وتدور حول ولادة

ثم تغني):

«ودّع الصبرَ محبّ ودّعك

ذائع مِن سرّه ما إستودَعك

يقرع السنّ على أن لم يكن

زادَ في تلك الخطى إذ شيّعك

يا أخا البدرِ سناء وسنى

حفظ الله زماناً أطلَعك

إن يطُل بعدك ليلي فلكم

بتّ أشكو قصرَ الليل مَعك»(*)

(إعتام)

* ديوان ابن زيدون، ص46.

المشهد السابع

(الزمن عام: 1086م

المســـرح مقسوم إلى قسمين بواســطة المرآة مع إعتام يسار المسرح

علــى يمين المســـرح غرفــة ولادة تظهــر ولادة عجوزاً وقد تقدمت أكثر بالعمر

تنظــر مــن نافذتها بينمــا جاريتها زمــرّد تنظف المكان).

تنفض زمرّد كفيها:

بعون الإله انتهيتُ

لا تردّ ولادة

ترفع زمرّد صوتها:

تراني انتهيتْ، ونظفّت حتى زوايا المكان

ولّادة: (مخاطبة جاريتها)

زمردّ؛ تراها ستهوي البلادُ بأيدي الغزاة؟

زمرّد: سيربحُ باسم الإله الحماة

ولادة: (تحاكي نفسها) ملوكُ البلادْ؟

أم المستغاث بهم في الوقيعةْ؟

تفتتَّ عزمٌ لأهل الشريعةْ

وما من ذريعةْ

سوى أن جرماً يدورُ.. يدورُ.. بفُلك الطمعْ (تنظر نحو المرآة)

(إعتام على يسار المسرح وإضاءة مناسبة على يمينه مع سماع صوت معركة وصهيل خيول، بعدها يضاء بشكل كامل يمين المسرح.

ويظهر فيه عدد من الجنود بين عامة الناس يحتفلون بالنصر على البيزنطيين في معركة الزلاقة)(*):

الجنود: (بصوت واحد)

---

* معركة جرت بين المسلمين بقيادة الأمير يوسف بن تاشفين قائد المرابطين بمساندة جيش أندلسي وجيش قشتالي مسيحي بقيادة ألفونسو السادس ملك قشتالة وليون انتصر فيها المسلمون 1086م.

ربحنا وباسم الإله الرحيمْ

غنمنا بفوز كبيرٍ عظيم

(إعتام)

(تعود الإضاءة ليمين المسرح حيث غرفة ولادة العجوز تخاطب زمرّداً):

لأن البلادَ بحالة فوضى

سيأتي الأميرُ(*)

سيأتي

قريباً

سيرضى..

(إعتام)

---

* يوسف بن تاشفين أمير دولة المرابطين في المغرب.

المشهد الثامن

(المسرح مقســوم كما في المشهد الأول بواسطة المرآة غرفة ولادة على يسار المسرح 1091م

وغرفة هناء على يمينه 2022م

هناء تبدو مرتّبة المظهر، أنيقة، وغرفتُها مرتبة. تقوم بشــد الأجــراس المتدلية مــن فوقها وتقطع خيوطهــا كلهــا وترميها خارج الغرفــة، ثم تعود وتجلس علــى أريكتهــا وتقرأ بثقــة وصمت في سيرة حياة ولادة).

(في غرفة ولادة: تبدو ولادة العجوز ممددة على الأريكة وتدير ظهرها للجمهور).

تدخل زمرّد وتخاطب ولادة:

زمرّد: جاءَ المرابطونْ.. وأعلنوا السيادة

ما خابتِ الظنونْ أميرتي ولّادة

(ولادة لا ترُدّ)

(تقترب منها زمرّد بجزع)

أميرتي ولّادة

أميرتي ولّادة

(تهزها من كتفها فتسقط يد ولادة دالة على موتها فتصرخ الجارية زمرّد حزناً).

(يعلو صوت موسيقا جنائزية ثم تدخل جوقة النهر فيتمايل ببطء حول جسد ولادة، ثمّ يعبر النهر المرآة إلى جهة هناء التي تضع كفيها على وجهها وتبكي).

ترفع هناء رأسها:

هناء: أميرتي ولّادة

ربيعَ الأندلُسْ

يا دمعة تفيض عن أنوثة السما

يا رقصة المدى

وقد تنعّما

لأجل ما انجلى لديك من سنا

وشِعرِك الحقولْ

سأرتوي من الأنا النديّ والهَطولْ

أعاند الذبولْ

سأجعل الحروفَ في السطور عامرةْ

وأرتقي مع الشذى الخفيف..

شاعرةْ

سأرتقي مع الشذى العنيدِ شاعرة.

(يتدفق حولها النهر ويردّد شعرها).

(إعتام)

المشهد الأخير

(المسـرح فيـه فقط قبـران واحد لابـن زيدون، والآخر إلى جانبه لولادة

وأمـام القبريـن الشـاعرة هناء ترتـدي الأبيض وتحمل في يدها باقة ريحان).

صوت ولادة: صلوني بابن زيدونٍ وخلوا قربه قـبري

وخلّوا الأرضَ تجمعنا وقد شبنا مع الهجرِ

(تقرأ هنـاء بصوتها أبيـات ولادة المكتوبة على قبر ابن زيدون):

أغـار عليك من نفسـي ومني

ومنك ومـن ظنونك والمكان

ولـو أنـي خبأتك فـي عيوني

إلـى يوم القيامة مـا كفاني(*)

---

* ديوان ولادة بنت المستكفي، ص 122.

(تقســم هناء باقة الريحان وتضــع الريحان على القبرين).

(إعتام)

(تدخــل جوقــة النهر ضمن العتم يتمــاوج ويلمع لونه الأزرق وهو يردد أبيات ولادة الأخيرة).

(النهاية)

الفهرس